SPÉCIAL GUIDE PRATIQUE POUR

LES CRÉATEURS DU NOUVEAU MONDE

DE

CINDY PHAN

Canal et énergéticienne quantique

GUIDE PRATIQUE SPÉCIAL CRÉATEURS DU NOUVEAU MONDE

Alors que l'ancien monde est en train de s'écrouler, le nouveau émerge. Beaucoup de créateurs aujourd'hui portent en eux de magnifiques projets pour ce nouveau monde et sont néanmoins dans le doute et peinent à se lancer.

Il me tient vraiment à cœur de partager avec vous mes apprentissages car les créateurs que vous êtes, que nous sommes, incarnons les précurseurs du nouveau monde. Nous sommes des multi-potentiels, des artistes, des indépendants qui faisons bouger les lignes dans la création et l'innovation.

Mon intention est donc de vous transmettre toutes mes clés en terme de mindset, c'est-à-dire d'état d'esprit et d'énergie, de sorte que vous puissiez amplifier votre rayonnement et cultiver un bon état d'esprit sur le long terme. Parmi ces notions, il y a certaines que je n'ai jusqu'ici jamais évoquées sur ma chaîne YouTube. Cependant, j'ai pu en communiquer quelques-unes de façon sporadique à un très petit comité au cours de mes stages. En prenant connaissance de ces éléments, il y aura sûrement un avant et un après.

Être un créateur, c'est aussi être un entrepreneur. Le mot même d'entrepreneuriat pourrait résonner dans l'ancien monde, mais c'est ignorer son sens réel. L'entrepreneuriat représente une grande aventure. **Entreprendre** signifie **entrer et prendre sa juste place**. Voilà pourquoi, l'entrepreneuriat est un vrai cheminement en Soi. Il ne se réduit pas à vendre un produit ou un service, cela va bien au-delà. Dans ce processus, vous découvrez des pans entiers de votre personnalité et nombre de vos croyances remontent. Pour ma part, j'aime jouer à Sherlock Homes et entreprendre nous entraîne vraiment dans cette fabuleuse exploration de Soi. Ce chemin nous invite aussi à incarner une autre façon de penser et d'être.

À travers ce partage, je vais évoquer quelques aspects de mon vécu et vous délivrer les informations que j'aurais moi-même aimé connaître avant de me lancer. Peu de personnes parlent de ce qui se passe réellement dans les coulisses. Nous voyons toujours la partie émergée de l'iceberg. Quand nous regardons un entrepreneur qui réussit, - et encore faut-il avoir une notion commune de ce que nous entendons par « réussite » -, nous ne voyons que le sommet et pas tout le travail de persévérance, de détermination, de courage et de transcendance par rapport aux peurs et même à la guérison des blessures que cela implique. Comme je le disais précédemment, lorsque vous vendez un produit ou un service, sans le savoir, vous vous engagez sur un chemin de réalisation de Soi qui est loin d'être anodin.

Par exemple, vous devez faire face à toutes vos croyances limitantes au sujet de l'argent, à l'abondance, à l'estime de soi, à la confiance en soi, à la critique, à la peur de l'échec, mais aussi de la réussite. Vous pouvez être confrontés à la moquerie, au jugement des autres, de vous-même, à des formes d'auto-sabotage.

En tant que créateur, vous avez plusieurs casquettes. Vous êtes votre propre patron et votre propre salarié.

Ce partage vous permettra de réaliser de nombreuses prises de conscience. Mon but est de vous faire gagner du temps et surtout de vous permettre d'amplifier votre énergie, afin d'assurer la pérennité de votre créativité. Si vous visez constamment du court terme, que vous cherchez des pilules magiques, comme elles sont actuellement vendues sur internet par des marchands de sable qui vous promettent monts et merveilles, vous n'êtes pas au bon endroit. Comme nous le verrons, ces pratiques peuvent finir par créer des désalignements de l'âme, parce que vous appliquez des méthodes qui ne correspondent pas à votre unicité, à qui vous êtes réellement.

Pendant toute votre lecture, je vous invite à avoir de l'eau près de vous et à vous hydrater.

Pour ceux qui me connaissent déjà, vous allez découvrir une autre facette de moi-même. Pour ceux qui me découvrent pour la première fois, j'ai

40 ans et j'ai pratiqué 15 métiers différents. J'ai vécu 12 ans seule, à l'étranger, à voyager le monde et créé une société à l'âge de 31 ans au Portugal. En 2015, j'ai essuyé une faillite dans laquelle j'ai perdu 55 000 €. Je suis rentrée chez ma mère en France sans un sou en poche et célibataire, parce que parallèlement, je me suis séparée d'une relation sentimentale toxique. Aujourd'hui, au-delà d'être canal, énergéticienne quantique, je suis multi-potentielle, comme vous probablement et je suis une entrepreneure libre et épanouie et c'est ce que je souhaite profondément à vous tous.
J'incarne pleinement mes messages pour en avoir fait personnellement l'expérience et c'est fondamental. Actuellement, sachez que votre état d'esprit et votre énergie ont beaucoup plus d'importance que n'importe quelle stratégie marketing.

Voici donc la première question que j'aimerais vous poser quant au fait d'être votre propre patron et votre propre salarié :*« Comment vous considérez-vous et quel est votre discours intérieur vis-à-vis de vous-même ? »*. Si vous êtes votre propre patron et que vous agissez comme un bourreau à votre égard, vous ne pourrez pas maintenir votre activité sur le long terme. Votre énergie exerce, en effet, un véritable impact sur votre bien-être.

Nous nous dirigeons désormais de plus en plus vers un monde vibratoire. Avec les évènements mondiaux qui se sont produits depuis 2020, ce n'est pas le moment de vous éloigner de qui vous êtes, bien au contraire. Nous sommes venus ici pour incarner l'Unité dans la diversité et dans l'avenir, il sera de plus en plus essentiel d'honorer votre unicité et votre différence. Beaucoup de créateurs tombent dans le piège de se comparer aux autres et cela réduit considérablement leur estime de soi et leur confiance en soi. Ces attitudes sèment le doute et peuvent donc conduire à beaucoup de souffrances.

Le premier conseil que j'aimerais vous délivrer est le suivant : autorisez-vous à faire des erreurs. Ce sujet est très tabou, or toutes les erreurs représentent pour moi des opportunités de croissance. Il est important de partir de ce postulat. Lorsque vous apprenez à faire du vélo, vous tombez, vous vous relevez, vous apprenez petit à petit la maîtrise et la persévérance. Il en est de même pour le monde de l'entrepreneuriat. Il n'est pas rare d'essuyer des difficultés au long du parcours. Ne craignez pas l'échec, autorisez-vous à faire des erreurs et prenez conscience que le chemin peut contenir des pertes. Accepter de me donner 1001 chances a largement contribué à mon évolution. Si un projet échoue, peu importe, je persévère en suivant l'élan de mon coeur. Nous vivons dans une société où tout va très vite et où beaucoup de personnes montrent trop d'impatience. L'impatience est un empêchement à la réussite. Elle amplifie le doute et vous fait perdre du temps, de l'argent et de l'énergie.

Cessez également de vous comparer aux autres. Si vous ignorez que vous êtes unique et que vous n'honorez pas votre différence, vous allez vous perdre en chemin. L'image qui me vient est celle du marathon. Si, pendant la course, vous passez votre temps à regarder ce qui se passe à gauche et à droite, vous chutez et vous perdez du temps□; aussi, vous pouvez avoir du mal à vous relever. C'est vraiment primordial de rester dans votre axe. Certaines personnes me demandent parfois : *« Est-ce que tu connais telle personne qui fait la même chose que toi ?* ». Je réponds non, car personne ne fait la même chose que moi. Je fais ce que je suis dans ma vibration et ce que je suis est unique. Je ne perds pas de temps à regarder ce que font les autres. Nous avons été élevés sur un modèle de compétition et de comparaison. Or, cela n'existe pas à partir du moment où vous vous souvenez que vous êtes un Être unique. Voici un regard qui peut vous y aider. Prenez votre animal favori. Par exemple : j'adore les dauphins. Imaginez que je suis un dauphin et vous êtes peut-être un loup, un aigle, un koala... Si vous observez ces animaux, ils sont tous beaux et ils sont tous uniques. L'erreur est de se dire : je suis un dauphin et j'imagine que tout le monde autour de moi est un dauphin. Chacun a un mode de fonctionnement différent. Chacun a son unicité, sa signature personnelle. Si vous passez votre temps à observer les autres, vous vous décentrez.

Je remarque que les personnes qui travaillent sur les réseaux sociaux ont tendance à trop solliciter le visuel. Rappelez-vous que votre énergie est toujours dirigée vers ce sur quoi vous posez votre attention. Si vous observez constamment ce que font les autres, vous créez des fuites d'énergie. C'est comme si autour de vous se trouve une grande bulle d'énergie et qu'elle s'éparpille partout à l'extérieur, au lieu de vous régénérer de l'intérieur. Il n'empêche que pouvez être inspiré par certaines personnes. J'ai pour ma part deux personnes qui m'inspirent, des écrivains qui sont dans un tout autre domaine. Inspirez-vous de leurs valeurs humaines, mais ne tombez pas dans la copie, sinon vous vous éloignez de qui vous êtes. Recopier des systèmes, des stratégies ne fonctionne pas. Non, écoutez-vous, écoutez les aspirations de votre âme et de votre cœur. C'est la clé.

Évitez donc de vous disperser pour rester dans votre axe et cultivez la confiance en vous-même. Pour ma part, je suis bien trop occupée à créer, à œuvrer pour la paix, à aider les êtres humains à retrouver une harmonie intérieure afin de changer leur monde extérieur, pour papillonner en me concentrant sur ce qui se passe autour. J'ai passé des années entières de ma vie à me transformer constamment de l'intérieur, à harmoniser toutes mes parts pour manifester une autre réalité et croyez-moi, je viens de très loin. Après ma faillite à

33 ans, jamais, je n'aurais cru possible d'être là où j'en suis aujourd'hui, sept ans plus tard. Cet accomplissement n'est que la conséquence d'un alignement authentique avec mon âme.

Un point essentiel avant tout démarrage d'activité est de trouver un pourquoi qui soit tellement fort, qu'il vous anime et vous apporte une détermination au quotidien, même en période de doute.
Si vous envisagez votre activité sur du long terme, il est important que vous vous posiez honnêtement cette question : *« Pourquoi, est-ce que je veux devenir un* créateur / *entrepreneur ? », « Pourquoi est-ce que je veux réussir en tant que créateur ? », « Pour quelles raisons est-ce que je fais ce que je fais ? ».*

Pourquoi voulez-vous passer de salarié à entrepreneur ? Si vous êtes déjà entrepreneur, pourquoi, voulez-vous absolument réussir ? Et quelles sont les valeurs qui vous animent ?

Je vous invite maintenant à vous munir d'un papier et d'un stylo et à noter la ou les réponses qui vous viennent. Soyez complètement honnête. Quand on pose à un créateur cette question, la réponse peut parfois apparaître sous une forme déguisée comme aider les autres, changer le monde. Ce seront peut-être des conséquences, mais quel est le véritable pourquoi ? Il est important de se dire la vérité. Si vous n'êtes pas sincère avec vous-même, cela se ressentira dans votre énergie, votre rayonnement, votre aura.

C'est probablement pour être libre, autonome, de pouvoir gérer votre temps comme vous le souhaitez. La liberté est une valeur forte, un réel motif. Bien souvent, dans le salariat, les fréquences varient en fonction de la semaine et des week-ends, des moments d'activité et des vacances. Elles oscillent dans une sorte de yoyo permanent. Voilà ce à quoi ressemble la vie du salariat, pour ceux qui, bien entendu, ne sont pas épanouis dans cette forme d'activité, car d'autres sont parfaitement à leur place et adorent travailler en équipe ou avoir des tâches qui leur sont déléguées. La fréquence de l'entrepreneuriat est basée sur un rythme très différent. Vous vivez des très hauts et des très bas. Sur internet, on ne montre que ce qui est beau, mais personne ne parle de l'arrière scène, des années de doute, d'erreurs, de persévérance et même d'échecs.

Déployer sa créativité sans limites, partager ses savoirs sont aussi de vrais pourquoi. Vous voulez peut-être devenir entrepreneur parce que vous avez envie d'une flexibilité en termes d'horaires, le choix de votre temps de travail et de repos. Vous souhaitez potentiellement pouvoir être vous-même, en étant libre d'exprimer vos valeurs. Vous êtes sans doute aussi un de ces artistes créateurs, multi-potentiels avec une vision différente. Quelles sont les valeurs, celles qui vous motivent pour créer ?

Soyez transparent avec vous-même. Beaucoup s'égarent sur internet, car ils attribuent leur valeur uniquement à leur valeur financière. C'est très grave. Cela voudrait-il dire alors qu'une personne au chômage aurait moins de valeur ? Il est important de lâcher cette croyance. Je vois une quantité de choses choquantes où l'on vous promet de passer de 0 à 10 000 € par mois. On vous vend une méthode générale sur une durée limitée qui n'est pas alignée avec qui vous êtes et cela peut créer des désalignements de l'âme. Je sais de quoi

je parle pour l'avoir vécu il y a trois ans et je reviendrai là-dessus plus tard. Ne confondez donc pas vos valeurs personnelles, celles que vous avez en tant qu'être humain, en tant qu'être divin et votre valeur financière. L'abondance financière n'est que la conséquence de votre rayonnement. Retenez bien cela.
Les personnes qui vous font croire cela, finissent par être malheureuses lorsqu'elles n'atteignent pas leur objectif et d'ailleurs lorsqu'elles l'atteignent aussi. Vous passez de 0 à 10 000 €, et après ? Que faites-vous avec ces 10 000 €□ ? Si le but n'est pas soutenu par la grâce, par votre âme et par l'Amour, ce sera voué à l'échec. Je vois aussi des personnes qui gagnent beaucoup d'argent et qui rencontrent des problèmes de santé. À quoi cela sert-il ? C'est la raison pour laquelle votre pourquoi a besoin d'être très profond pour vous soutenir sur le long cours. Si vous faites les choses avec le cœur, mais pas pour l'argent, l'argent en deviendra une conséquence.

En ce qui me concerne, je n'ai jamais cherché à travailler pour l'argent ou pour le succès, cela m'est tombé dessus. Cela n'a été que le fruit de mon

alignement avec mon âme. C'est vraiment là-dessus que j'aimerais que nous dirigions notre attention.
Si vous vous concentrez uniquement sur un objectif de finances, vous allez vous perdre. D'ailleurs, tant que vous courez après l'argent, c'est l'inverse qui se passe, car vous vibrez le manque. Et comme vous le savez, tout ce sur quoi vous focalisez votre attention, vous l'attirez à vous.
Parfois, au début, vous gagnez moins d'argent que lorsque vous étiez employé, mais vous gagnez sur bien d'autres points, être libre, pouvoir créer, avoir le choix au niveau de vos horaires, être en mesure de prendre soin de votre bien-être, de vous occuper de vos enfants. D'ailleurs, avec le confinement, beaucoup ont réalisé l'importance de passer du temps avec leurs enfants et leurs proches. Certains parents ont même découvert leurs enfants, car ils étaient auparavant tellement absorbés par leur travail à l'extérieur et passaient beaucoup trop de temps dans la circulation qu'ils avaient finalement eu peu de temps à leur consacrer.

Voici un autre pourquoi dont il est bon de se souvenir en cas de doute : ne pas vouloir revenir dans des schémas matriciels, où vous ne vous sentiez pas respecté ou reconnu. En effet, certains ont quitté le salariat, car dans leur précédent travail, ils étaient entourés de persécuteurs, un patron bourreau par exemple. Lorsque vous manquez de courage, quand vous procrastinez, souvenez-vous de ces moments où vous étiez dans ces situations. Cela peut être un véritable levier de motivation.

Quand j'ai décidé de devenir entrepreneure, ma valeur principale était celle de la liberté. Petite déjà, à l'école, je voyais que nous faisions partie d'une matrice. J'avais l'impression d'être Néo ou Trinity dans Matrix, avec cette sensation d'être la seule à voir, et cette envie irrépressible de sortir de ce panier de crabe. Ce fut un pourquoi fort pour moi. Je veux que les gens soient libres et moi aussi. Il était donc évident que pour incarner réellement ce message, j'avais à le vivre concrètement.

Ce qui m'a également poussée dans cette voie, c'est mon côté avant-gardiste et visionnaire. En effet, à chaque fois que j'ai été salariée et que je voulais faire bouger les lignes, faire évoluer les sociétés dans lesquelles je travaillais, je devais systématiquement demander des autorisations aux supérieurs hiérarchiques et bien souvent, mes idées n'étaient pas entendues. J'avais envie de voir les choses bouger, évoluer. Je ne pouvais pas non plus explorer ma créativité et ça restait limité.

Mon désir de partage et d'explorer ma créativité est aussi un grand pourquoi pour moi. J'ai vécu tellement d'expériences, que j'ai vraiment à cœur de les transmettre. Je suis autodidacte. J'ai appris par moi-même avec beaucoup d'épreuves sur ma route. Cela ne se voit peut-être pas maintenant, mais je vous assure, si aujourd'hui, je peux vous parler de doute, de souffrance, de paix, d'harmonie intérieure, c'est parce que je l'ai moi-même expérimenté.

Enfin, les autres valeurs fortes pour moi sont de pouvoir donner libre cours à ma créativité, faire les choses comme je le souhaite et de ne plus jamais travailler avec des personnes qui n'ont pas les mêmes valeurs que moi, c'est-à-dire m'offrir la possibilité de choisir avec qui je veux collaborer. Cela est très précieux.

Je souhaite maintenant aborder une notion très importante, celle du talent et de la passion et comment distinguer les deux. Savez-vous faire la différence ?

Imaginez, vous êtes passionné de football et vous allez regarder plein d'émissions sur le football. Ce n'est pas parce que vous adorez ce sport que vous allez forcément devenir joueur professionnel. La passion n'est pas systématiquement notre zone de génie. Je suis pour ma part passionnée par le chant intuitif, pour autant, je ne suis pas une super chanteuse. Heureusement que je n'ai pas suivi cette passion, car je ne crois pas que j'aurais percé. (rire).

Les talents sont des dons de Dieu, de la grâce, des dons innés pour lesquels vous avez de la facilité et dont vous n'avez pas nécessairement conscience. Beaucoup de personnes se perdent et se désalignent parce qu'elles ont confondu leur passion avec leur talent. Par exemple, elles sont passionnées par le développement personnel et spirituel, elles ont acheté des tas de livres et se sont formées à de multiples techniques et deviennent coachs ou thérapeutes. Mais accompagner n'est pas forcément leur domaine de talent et d'excellence. Il ne faut pas confondre la volonté d'apprendre et de se guérir soi-même et celle de guérir les autres. Sous peine de se mettre dans le rôle de sauveur et ainsi de s'éloigner de qui vous êtes vraiment et de votre réel talent.

Pourquoi est-ce important de ne pas confondre les deux ? Un passionné de football qui devient footballeur peut finir par être écœuré de cette passion, parce qu'il va être forcé de faire 40 heures d'entrainement par semaine pour justement devenir professionnel. Il existe une différence entre aimer apprendre dans un domaine et œuvrer dans celui-là. En revanche, et dans certains cas, il se trouve que les deux soient alignés. Si votre talent et votre passion sont les mêmes, c'est génial, car cela ne fait qu'amplifier votre excellence. Un footballeur peut-être passionné de foot et devenir footballeur professionnel pour ainsi combiner passion et talent.

Peut-être aimeriez-vous maintenant savoir comment repérer votre talent ?

Le talent est un aspect de nous que les autres voient de l'extérieur et que nous ne percevons pas nécessairement de nous-mêmes. C'est pourquoi il peut être utile de faire appel aux personnes que vous fréquentez le plus et de leur demander dans quel domaine, selon elles, vous apportez les meilleurs outils lorsqu'elles rencontrent une difficulté.

Quelles sont les forces, les capacités, les qualités, les talents et les valeurs que tu reconnais chez moi ?

Par exemple, une de mes amies, passionnée de développement personnel par attrait pour la guérison est devenue thérapeute. Un burn-out est venu entravé ce travail. Alors que son talent était lié à la créativité, le design et la technique informatique sur les réseaux sociaux. Maintenant, elle est épanouie dans cette voie.

Un autre passionné d'évènementiel pour les mariages. Tous ses amis l'appelaient pour des conseils en permaculture. C'était son talent caché. Aujourd'hui, il a suivi son talent, en a fait son métier et il crée des hectares de permaculture en étant heureux.

Voilà pourquoi il est important de comprendre exactement pourquoi les gens se tournent vers vous spontanément. Vous êtes sans doute très doué sur certains aspects. Il est assez fréquent que les hypersensibles et les multipotentiels n'aient pas conscience que ces choses, qu'ils font très facilement, soient difficiles pour d'autres. J'ai une amie qui, par exemple, réalise des sites internet en une semaine et elle croit qu'il en est de même pour tout le monde. Par conséquent, elle ignore son incroyable talent. Parfois, l'entendre de l'extérieur vous permet de le réaliser plus pleinement. Ainsi, amusez-vous à appeler les personnes qui vous connaissent le mieux autour de vous et demandez-leur. Vous serez sans doute surpris de leurs réponses.

Quand j'étais salariée, on m'appelait toujours pour des conseils. On me disait : *« Cindy, à chaque fois que je t'appelle, tu me ramènes au cœur, dans la paix, tu m'aides à pardonner. Pourquoi tu n'accompagnes pas ? »*.

À l'époque, je ne pouvais pas m'imaginer faire ce que je fais maintenant, car il me semblait difficile d'expliquer cela à ma famille et de l'assumer. Nous faisons tous face à des blocages, et il est tout à fait indiqué de procéder par étapes, au fur et à mesure de notre évolution.

Vous êtes un soleil avec tous ses rayons, arrêtez de vous mettre dans une seule case, un seul rayon et cessez de vous définir à travers un titre. Quand on me demande de me présenter, je ne sais pas comment répondre à cette question, car j'ai toutes sortes de cordes à mon arc. Je m'exprime en tant que fruit de mes transformations et dans le partage. Souvent, en vous définissant à travers un titre, vous vous déviez de qui vous êtes profondément. C'est comme s'enfermer dans une case et se limiter. Vous sortez du salariat où vous étiez enfermé et vous vous remettez dans une boîte. Lors des stages que j'anime, je demande qui ils sont, bien souvent, ils me répondent par leur prénom et leur métier exercé. Or, votre activité est ce que vous faites, un de vos rayons, mais cela ne définit pas qui vous êtes, nuance. Donc, qui êtes-vous réellement ? Il est

essentiel d'apprendre à vous connaître profondément.
Il est également important de savoir à qui vous voulez vous adresser. Il est d'ailleurs parfois préférable de s'adresser à un petit comité, car en vous adressant à tout le monde, vous ne vous adressez à personne.

Ce chemin de l'entrepreneuriat va bien sûr réveiller certaines blessures : la blessure de rejet, la blessure d'abandon, la blessure d'humiliation. Vous allez aussi faire face à toutes vos croyances limitantes et toutes les injonctions propagées dans vos familles, à travers votre père et votre mère, ainsi que les mémoires de clan.
Un jour, un ami entrepreneur était passé de 1000 à 3000 € en l'espace de trois mois. C'était devenu sa nouvelle norme. À la suite de cela, il s'est auto-saboté et a dilapidé tout son gain. À ma question pourquoi, il m'a répondu que cela avait réveillé des peurs chez lui. Je l'ai alors questionné sur ses croyances par rapport à l'argent, c'est une énergie, c'est l'art des gens. Encore faut-il être en paix avec cette énergie-là.

L'ARGENT =

C'EST L'ART DES GENS

De nombreux entrepreneurs portent en eux des croyances très limitantes sur le sujet. J'ai demandé à cette personne si dans sa famille et ses lignées les personnes étaient entrepreneures ou salariées, et si quelqu'un gagnait plus de 2000 € par mois. Apparemment, la majorité était salariée et percevait moins que cette somme. Gagner plus avait ainsi réveillé en lui des mémoires de clans. Dans son esprit, inconsciemment, gagner plus d'argent que les membres de sa famille menaçait de l'exclure du clan et avait entrainé la peur de se faire rejeter de sa famille. Il s'était donc auto-saboté pour gagner moins d'argent et ainsi rester dans sa zone de confort.

Quand vous empruntez ce chemin, vous pouvez faire face à ce type de situation. Lorsque vous êtes bloqué à un certain palier, vous devez faire face à toutes vos peurs, comme la peur du manque, la peur de ne pas se sentir digne de recevoir ou d'être méritant par exemple. C'est important pour moi d'évoquer tous ces aspects. Comprenez que cette aventure d'entrepreneur ne consiste pas juste à vendre des services et des produits grâce à des techniques de marketing. Non, cela va potentiellement soulever des tsunamis intérieurs, émotionnels et psychiques. Cela va jouer sur votre état d'esprit, votre énergie et votre vibration. Il est de plus en plus facile de transcender ses croyances limitantes, surtout grâce aux énergies actuelles. Il s'agit déjà d'en prendre conscience.

Pour accéder à une paix relative, il sera nécessaire de requestionner ces croyances, comme celles qui prétendent qu'il faut se battre dans la vie, que la vie est un combat, qu'il faut travailler dur pour réussir. Non, la vie peut être douce, mais en nourrissant ce genre de pensées, ne vous étonnez pas d'être toujours dans une énergie, qui attirera des conflits et des difficultés.
Vous pouvez vous demander d'où proviennent ces croyances et voir qu'elles ne vous appartiennent pas. Ensuite, affirmez-vous quand elles apparaissent

« Je m'en libère, j'efface et je reformule».

Vous pouvez aussi répéter des phrases affirmatives, mais si vous commencez vos phases par I AM/JE SUIS, vous n'allez pas y croire. Si vous dites *« Je suis riche »*, ce n'est pas la réalité et vous vous mentez à vous-même. Comment voulez-vous que cela devienne votre réalité ? Ce n'est pas possible. C'est pourquoi le développement personnel qui conseille les affirmations positives à gogo ne fonctionne pas. Dans cette pratique, la dimension du cœur, de l'être et de l'évolution sont complètement oubliées. Formuler ces affirmations en ajoutant *« Je suis en train de … »* peut faire toute la différence. *« Je suis en train de grandir », « Je suis en train d'évoluer », « Je suis en train de réussir dans la fluidité et l'abondance »*… Cela change tout, car dans cette vibration, vous incluez l'acceptation que c'est un processus, un chemin. De plus, lorsque vous vous attachez trop à l'objectif, le sommet de la montagne que j'évoquais précédemment, vous restez dans le contrôle, votre main reste fermée et vous ne pouvez pas recevoir.

Dans cette aventure qu'est l'entrepreneuriat, beaucoup font face à la peur de manquer. Cette peur est très fréquente. Prenez conscience que la peur du manque s'amplifie aussi avec l'argent. Quand je vivais à Dubaï, j'ai côtoyé des gens très riches et plus, ils gagnaient d'argent, plus ils étaient stressés. L'argent est un amplificateur de vos peurs.

Si vous n'avez pas résolu vos plus grandes peurs, elles ne vont que s'amplifier. Lorsque vous avez une petite entreprise, vous rencontrez de petits challenges ; avec une grande société, de grandes responsabilités, vous avez inévitablement à faire face à de plus grands défis.

Comment s'y prendre pour transcender cette peur ?

Si vous passez à l'action dans une énergie de survie, vous allez vous mettre une pression énorme. Voici un exemple. Lorsque j'ai repris le chemin de l'entrepreneuriat, en revenant en France, j'ai dû retravailler en tant que salariée et parallèlement, je créais progressivement mon projet. Je savais qu'après la faillite que j'avais vécue, il me fallait un moment de réalignement, afin de me reconstruire peu à peu. De nombreuses personnes ont à cœur de vivre de leur passion tout de suite et elles imaginent parfois à tort que cela va se faire du jour au lendemain. Or, il peut être utile dans un premier temps de vous sécuriser au niveau financier en exerçant une activité à temps partiel, de façon à être en mesure d'au moins payer votre loyer et votre nourriture. Faire un travail à côté temporairement va vous permettre de vous apaiser et œuvrer avec patience. En faisant les choses dans une autre énergie que celle de la survie, vous pourrez construire votre projet plus sereinement dans la joie, car en faisant vibrer constamment le manque, vous attirez et garderez le manque.

L'antidote formidable, comme nous l'avons déjà évoqué, est la gratitude. Elle peut largement palier à la vibration du manque.
Même quand je n'avais plus rien, j'ai toujours cultivé cet état d'esprit. Je me disais : *« Je vis cette expérience, je ne sais pas pourquoi cela m'arrive, mais j'apprends sûrement quelque chose ici qui va me faire grandir et évoluer »*. Aujourd'hui, je suis même reconnaissante pour mon expérience de faillite. À cette époque, j'avais créé une entreprise de jus naturels pour aider les gens à être en bonne santé et à optimiser leur bien-être. Cela n'a pas fonctionné et certes, j'ai perdu beaucoup d'argent, mais je suis dans la gratitude, car sans cela, j'aurais continué à créer des produits au lieu de faire ce que je fais maintenant et d'être qui je suis aujourd'hui. Parfois, une porte se ferme afin de laisser la place à

d'autres projets et pour que vous écoutiez véritablement les aspirations de votre âme.

Dans des situations tendues financièrement, se concentrer sur la peur revient à focaliser l'attention sur des factures et l'univers va vous en donner encore davantage. Au contraire, il est important de déjà vibrer sur la fréquence qui affirme *« Je crois en moi et en mes rêves ».* Et je le rappelle, si vous faites les choses avec amour, vous serez toujours soutenu et pourvu. Vivre de ses talents demande de la persévérance et de la détermination, d'être patient. Nous vivons dans une ère où tout est tellement instantané que nous oublions qu'il y a un processus en tout.

Si vous ne pouvez pas gagner davantage d'argent temporairement, évertuez-vous à réduire vos dépenses. Moins vous avez de coûts, plus vous êtes serein. Vous pouvez par exemple œuvrer de chez vous. Non seulement vous gagnez du temps, mais aussi de l'énergie, car vous ne vous dispersez pas dans des trajets et vous ne gaspillez pas votre argent. Beaucoup d'entrepreneurs investissent énormément avant de commencer à recevoir.

L'idée est plutôt de commencer avec les ressources dont vous disposez maintenant. Et quand vous commencerez à être à l'aise, vous pourrez lâcher le temps partiel, mais au moins, vous n'agirez pas dans le stress et l'urgence. L'abondance n'est que la conséquence de votre alignement et également d'un juste équilibre entre donner et recevoir.

La question de l'argent génère du stress même chez certains grands entrepreneurs que je rencontre. Plus ils gagnent de l'argent, plus ils vibrent le manque, car plus leur style de vie augmente. Personnellement, j'ai relativement peu de besoins et je me contente de peu. Tout est un plus pour moi et je suis vraiment dans la gratitude au quotidien. Le minimalisme aide grandement à surmonter la peur du manque. Ce qui me motive à présent, ce sont davantage de nouveaux projets et des collaborations, mais je ne fais pas les choses pour l'argent. D'ailleurs, cela n'aurait aucun sens.

Par ailleurs, la peur de manquer vient souvent d'une absence d'Amour pour Soi, issue de traumas dans l'enfance. Vous avez certainement vécu des situations où vous manquiez d'argent ou quelque

chose du genre. Cela a été mon cas et le palliatif à cela a vraiment été la foi. Quand nous savons que nous sommes toujours accompagnés, toujours guidés, toujours soutenus, alors tout s'ouvre.
L'image qui m'est montrée est :
Ouvre ton coquillage et offre-le au monde, partage-le au monde ! ».

En tant qu'entrepreneur, il sera également nécessaire de veiller à équilibrer le donner et le recevoir.

Vous sentez-vous méritant ? Vous autorisez-vous à recevoir ?
C'est cela l'abondance. S'il y a un déséquilibre entre ce que vous donnez et ce que vous recevez, ou si vous bloquez le fait de vous autoriser à recevoir, car une partie de vous ne se sent pas suffisamment digne, cela bloque le flow.

Souvent, ces blocages appartiennent à des schémas répétitifs de l'enfance dans lesquels vous étiez conditionnés à vous mettre de côté pour soutenir, offrir, donner pour vous faire apprécier de vos parents ou de votre famille. Une énergie de survie s'est développée plus fortement en vous ; une énergie Yang, masculine qui est celle de donner. Il suffit alors de rééquilibrer l'énergie Yin qui est celle de recevoir. Autorisez-vous à recevoir.

Comme vous pouvez le constater, nous sommes loin ici des stratégies marketing visant à faire de l'argent. Récemment, un ami entrepreneur en phase de démarrage avait réalisé ses deux premières ventes de produit en ligne. Or, au lieu de se réjouir, il était attristé par le résultat. Il avait pourtant créé un produit de toute pièce et il le vendait pour la toute première fois. Pour ma part, je trouvais cela extraordinaire. Je l'ai vraiment invité à célébrer. Pour moi, il n'avait pas vendu QUE deux ventes, mais déjà deux premières ventes, deux premières créations !

Voici un exercice fondamental que je tiens à vous délivrer. Ayez un petit cahier sur votre table de chevet et chaque soir, écrivez vos gratitudes. Ce sera votre meilleur allié. Notez au moins cinq choses pour lesquelles vous êtes reconnaissant, cinq choses que vous avez apprises sur vous-même. Nous sommes en constante évolution et le parcours entrepreneurial n'est pas linéaire. Si vous êtes à la recherche d'un chemin linéaire, je ne vous conseille pas de vous engager sur cette voie. L'entrepreneuriat est comme un jeu et il est nécessaire d'accepter de vivre des hauts et des bas.

Dans ce petit carnet, marquez également vos médailles, c'est-à-dire ce dont vous êtes fier.

De quoi êtes-vous fier aujourd'hui ?

Je rencontre tellement de gens si durs et critiques envers eux-mêmes ! Beaucoup sont dans une quête perpétuelle de perfection, alors que c'est la somme de nous tous qui représente cette perfection. C'est normal d'être imparfait. J'ai d'ailleurs un dicton : *« Il vaut mieux imparfait, mais fait, que parfait et jamais fait »*. En effet, cette tendance à la critique et à une certaine forme de dureté envers soi-même conduisent souvent à beaucoup de procrastination. Souvenez-vous que la confiance en soi est un muscle qu'il faut entretenir par ce sentiment de fierté.
De quoi suis-je fier chaque jour, qu'est-ce que je mets en place ? Appréciez le chemin. À chaque fois

que vous faites un pas, offrez-vous des cadeaux, des récompenses, pour ancrer ces réussites dans la matière. Je travaille actuellement sur de nouveaux projets et j'ai moi-même ressenti l'importance de marquer cette progression. C'est pourquoi, j'écris dans un journal mon évolution et je m'offre de petits cadeaux comme un massage, un livre, une excursion ou une expérience. Votre récompense peut aussi être de vous accorder un moment qui vous fait du bien, d'ancrer votre avancée et d'être votre meilleur ami.

Qu'est-ce que je peux m'offrir pour me récompenser ?

Lorsque vous êtes dans cette quête de perfection, que vous êtes dur avec vous-même, il est important de se demander pourquoi vous cherchez à être parfait et que tout soit parfait. Derrière cela se cache un besoin. La quête de perfection provient d'un profond besoin de reconnaissance, issu bien souvent de l'enfance et même des vies antérieures. Pour être reconnu de l'extérieur, il est primordial de se reconnaître avant tout. Beaucoup de personnes se perdent en cherchant à combler ce besoin de reconnaissance. Cela crée de la dépendance affective et un manque de confiance en soi qui vous détournent encore une fois de votre essence divine, de votre âme, en cherchant inlassablement à vous faire valider par l'extérieur. L'antidote à cela est de vous donner justement encore plus d'Amour, d'être votre meilleur ami, que vous tombiez en Amour avec qui vous êtes et ce que vous faites. Inévitablement, votre énergie, votre vibration, votre rayonnement et votre impact seront différents. Ce qui m'a personnellement beaucoup aidée sur ce chemin, c'est de ne pas me concentrer sur de quelconques objectifs, mais plutôt d'apprécier le parcours. Plus vous aimez qui vous êtes, plus vous vous appréciez de l'intérieur, plus cela se manifeste à l'extérieur.

Avec la suprématie des réseaux sociaux, beaucoup tombent dans le piège de valoriser leur travail au plus fort de leur visibilité. Ce sont les méandres de l'égo et du mental qui jouent des tours. C'est un réel danger de s'identifier au nombre de "like et d'abonnés". Cela peut même créer une amplification du besoin de reconnaissance, des addictions aux réseaux sociaux et des dépressions,

chez les jeunes particulièrement. Car il y a une recherche de reconnaissance de l'extérieur au lieu de se reconnaître soi-même de l'intérieur. Pour ma part, je n'ai jamais cherché la notoriété, elle est venue à moi. Certaines personnes ne sont d'ailleurs pas du tout visibles et cela ne les empêche pas de réussir. Il faut absolument se détacher de cette idée qu'il faut être connu pour réussir. C'est faux.
Le nombre de likes n'a aucune relation avec votre valeur. Ce qui compte, c'est de croire en vous, que le message et les créations que vous transmettez le soient avec le cœur et que cela vous épanouisse.
Placer le besoin de reconnaissance à l'extérieur est une brèche, qui vous pousse à vous focaliser sur ce que pensent les autres de vous. Alors que si vous offrez avec le cœur, que vous vous connaissez, que vous aimez ce chemin et que vous savez pourquoi vous faites cela, que vous aimez transmettre et partager, vous ne vous attarderez pas sur ce qu'en pense l'extérieur. Nous revenons à cette notion fondamentale du début de ce partage : *« Pourquoi faites-vous ce que vous faites ? »*.
Si c'est par besoin de reconnaissance, vous ne serez jamais en paix, et la paix est pour moi le critère le plus important. Si vous gagnez des millions mais

que vous êtes en permanence sous tension, vous passerez votre vie à vous racheter une santé. Actuellement, avec les nouvelles énergies qui nous traversent, cela passe beaucoup par le corps. C'est pourquoi nous sommes tous incités à suivre ce qui nous anime d'un point de vue de l'Amour et du cœur. Cela amplifie notre énergie vitale et donc notre santé aussi.

Voici un autre conseil important pour ceux qui sont déjà entrepreneurs, même si vous démarrez. Cultivez un livre d'or, c'est-à-dire un livre dans lequel vous notez tous les compliments que vous recevez et la gratitude des personnes auxquelles vous avez contribué ainsi que tous les messages qui vous ont été adressés par des personnes à qui vous avez vendu vos produits et vos services, afin de les ancrer. C'est un véritable livre de survie. En cas de doute, de dépression, relisez ces messages et remettez votre attention dessus, afin de nourrir votre cœur, votre âme et la confiance en vous-même. Plus vous évoluez dans la réalisation de vous-même et la réussite, plus les challenges sont grands, c'est pourquoi il est important d'être fort. Plus vous vous connaissez, moins vous êtes impacté par l'extérieur. À certains moments, vous êtes inévitablement confrontés aux critiques et aux jugements des autres et si vous avez des brèches dans votre aura, vous vous diminuez au lieu de rayonner. Rappelez-vous, il est fondamental d'aimer qui vous êtes et ce que vous faites.

J'aime passer par l'écriture comme nous venons de le faire ensemble à travers ces quelques exercices, car à chaque fois que vous écrivez, vous ancrez dans la matière et cela prend de l'ampleur. En cas de doute, revenez toujours à vos écrits.
Tous les 31 décembre, j'ai pour habitude d'écrire sur une feuille tous mes souhaits au présent, en me mettant dans la peau de la Cindy du futur qui s'adresse à la Cindy d'aujourd'hui. Par exemple, le 31 décembre 2023, j'écris : « *31 janvier 2024…* », suivi de tout ce que je souhaite réaliser en 2023, d'un point de vue personnel, professionnel et toutes les sphères de vie. J'écris tout en bleu. Pourquoi ? Le bleu est relié à la Conscience. Le troisième œil est aussi de couleur bleue et les mots écrits dans cette couleur pénètrent immédiatement dans la Conscience. Tous les 31 janvier, un an plus tard donc, j'ouvre ma lettre comme si c'était un

cadeau et souvent, plus de 60 à 70% de mes souhaits ont été réalisés.
Pourquoi ? Parce que j'ai ancré ma vision. Je croise beaucoup d'entrepreneurs qui veulent réussir à incarner un message, à transmettre et c'est magnifique, mais si votre vision n'est pas claire, ce ne sera pas clair non plus à l'extérieur. C'est pourquoi je vous encourage à écrire votre pourquoi. Si vous savez pourquoi vous faites ce que vous faites, votre vision sera plus claire.
Si vous choisissez de vous faire accompagner, assurez-vous que cette personne soit alignée, car si ce n'est pas le cas, elle risque de vous donner une stratégie qui n'est absolument pas adaptée à qui vous êtes vraiment. Actuellement, les vendeurs de rêves qui proposent des techniques marketing fleurissent sur internet et la plupart du temps, vous n'en avez pas besoin. Certaines personnes peuvent se sentir bloquées dans la mise en place de leur projet professionnel, car elles ne sont pas à l'aise avec l'informatique. Si vous vous demandez par exemple comment réaliser un site internet, concevoir une formation en ligne ou écrire une page de vente, il est facile d'accéder aujourd'hui à une multitude d'informations et de tutos gratuits

sur internet. Il n'y a pas besoin d'être un pro en informatique pour réussir. Avec les réseaux sociaux, les sites internet ne sont plus nécessairement utiles. Soyez dans le partage, montrez votre savoir-faire et votre savoir-être. Si vous n'avez pas beaucoup de finances, vous pouvez toujours faire du troc. J'apprends beaucoup avec les nouvelles générations. Ils sont nés avec internet et un téléphone dans la main.

Il y a cinq ans, je ne connaissais pas grand-chose en technique informatique et à internet. J'ai alors voulu m'entourer de spécialistes et j'ai ainsi perdu des milliers d'euros. Cette expérience a été très grave, car elle a créé un véritable désalignement de l'âme. Je suis cependant heureuse de l'avoir vécue, pour être en mesure aujourd'hui de vous transmettre l'apprentissage. Avant de rencontrer ces personnes, j'accompagnais déjà et j'étais dans mon axe. Ensuite, j'ai essayé de suivre ce que l'on me demandait d'appliquer, par exemple de poster tous les jours sur les réseaux sociaux, mais j'avais l'impression de me déshumaniser. Remarquez que sur la toile, beaucoup de personnes délivrent les

mêmes discours et utilisent la même façon de se vendre, faisant ainsi disparaître toute unicité.
En suivant ces principes, votre authenticité s'efface alors qu'elle est la clé de voûte de votre vibration, de votre rayonnement. On me demandait d'appliquer certains principes et je sentais que je commençais à faire les choses à contre-cœur, tandis qu'auparavant, j'avais toujours œuvré avec cœur. Ça a créé un désalignement, car je n'y arrivais pas. En plus, je me culpabilisais, parce qu'on m'affirmait que c'est parce que je n'appliquais pas ces méthodes que je ne parvenais pas à réussir.

Au fil du temps, j'ai réalisé que je m'étais complètement coupée de mon inspiration et que tout cela avait semé encore plus de doute en moi. J'ai pris conscience que les techniques enseignées, comme envoyer des mails à gogo, avoir un lead-magnet ou tunnel, etc... ne résonnaient absolument pas avec moi. Je me sentais tellement oppressée que cela a failli me mettre en dépression. À un moment donné, j'ai tout envoyé balader. J'ai dit merci, mais non merci et j'ai décidé de me faire confiance, de me relier à mon âme et de me laisser guider comme je l'avais toujours fait.

En réalité, chacun a sa propre signature énergétique et quand vous êtes accompagné par une personne, vous vous liez énergétiquement à elle. Par exemple, en me lisant maintenant, vous vous reliez à moi, vous êtes connectés à ma vibration. Lorsque vous payez des services, vous vous mettez en lien énergétiquement avec la personne à qui vous les achetez. Ne perdez donc pas de temps et d'énergie, car quand vous êtes au creux de la vague, il faut du temps pour se relever. De nombreux créateurs arrêtent en chemin, parce qu'ils se découragent, or cette voie demande beaucoup de détermination et de persévérance. Soyez votre meilleur ami. C'est en cela que la gratitude est une attitude formidable à adopter au quotidien, car elle va orienter votre cerveau sur ce qui est bon. Plus vous mettez votre attention sur ce qui est bon, plus vous vous félicitez et plus, vous entretenez la confiance en vous-même. La confiance en soi est comme un muscle. Elle demande deux facteurs : l'estime de soi et l'Amour de soi. Comment faire pour s'estimer soi-même ? En entretenant le fait d'être fier de vous-même, en nourrissant votre sentiment de dignité. Voilà les raisons pour lesquelles je vous parlais précédemment des médailles.

J'en reviens au soleil et à ses nombreux rayons. Derrière chaque soleil, il y a une lune, même plusieurs lunes et ce sont des alliés.
Prenez votre feuille et écrivez qui sont vos lunes, les cinq personnes que vous fréquentez le plus ou celles avec qui vous échangez le plus fréquemment. Qu'elles soient au bout du monde n'a pas d'importance. C'est une énergie, une vibration que vous côtoyez régulièrement et sur ce chemin de l'entrepreneuriat, il est essentiel de bien s'entourer.

Qui sont ces cinq personnes ?

Notez-les vraiment. Précisez si elles sont entrepreneures ou salariées. Vous vous demandez peut-être pourquoi je vous pose cette question ? Imaginez que demain, vous souhaitiez créer une boutique. Vous n'allez pas demander des conseils à un employé. Il n'aura pas de réponses ou de conseils à vous proposer, car il n'a pas l'expérience de l'entreprenariat.
Or, je vois beaucoup de personnes qui demandent conseil à leur famille, leurs frères et sœurs, qui pourtant, n'ont jamais été entrepreneurs. Il n'y a rien de pire pour perdre confiance en soi.

Inconsciemment, vous cherchez des alliés pour valider vos projets et vous donner confiance. Lorsque vous leur en faites part, ces personnes vont projeter toutes leurs peurs et leurs inquiétudes sur vous et vos projets. Quand personnellement j'ai besoin de conseils, je m'adresse toujours à des personnes qui ont déjà réalisé ce que je veux faire. Votre entourage est ce qui va maintenir votre énergie au quotidien. C'est pour cela que derrière chaque soleil, il y a des lunes, un soutien émotionnel et psychologique. Sans mes lunes, je n'en serais pas là où j'en suis aujourd'hui.
À chaque fois que vous traversez une période de doutes, demandez conseil uniquement à des entrepreneurs, sans quoi vous perdrez confiance en vous et en vos projets.

De plus, il sera parfois bénéfique de vous éloigner temporairement de certaines personnes, car cette fameuse appartenance au clan dont nous avons déjà parlé peut réellement vous freiner dans votre avancée. En effet, si ce sont des proches ou votre famille, vous allez passer votre temps à vouloir les convaincre pour obtenir leur reconnaissance. Derrière ce besoin de reconnaissance se cache le besoin d'être aimé et soutenu. Si vous êtes au début de votre création, c'est la phase la plus charnière et ce n'est pas le moment de flancher au niveau de la confiance en soi, bien au contraire. Veillez à côtoyer au maximum des personnes qui vont vous encourager et vous élever vers le haut. J'ai moi-même dû m'éloigner de certains proches. Si vous ne trouvez pas le soutien auprès de vos familles et vos amis actuels, tournez-vous temporairement vers des personnes qui font déjà ce que vous voulez faire. Plus vous côtoyez d'entrepreneurs et plus, vous changez votre état d'esprit, car ils pensent autrement et leur créativité est illimitée. C'est comme si vous ouvriez votre champ des possibles. En fréquentant ce type de personnes, vous n'avez pas besoin de vous justifier et cela vous permet d'être pleinement vous-même.

Quand vous vivez des trahisons avec certaines personnes, cherchez à voir en quoi vous vous trahissez vous-même, c'est-à-dire qu'à partir du moment où vous n'avez pas confiance en vous, vous chercherez sans cesse l'approbation des autres et les trahisons viennent de cette faille. Nous vivons ces situations pour nous faire revenir à l'intérieur de nous-mêmes et nous dire : *« Prends confiance en toi, arrête d'aller chercher la validation à l'extérieur, sois plus sélectif, apprends le discernement ».*

Entreprendre ne veut pas systématiquement dire, être seul. Maintenant, je suis moi-même entourée de personnes qui travaillent dans mon équipe. C'est grâce à elles que je peux me concentrer, à créer. C'est un élément dont vous aurez à tenir compte tôt ou tard sur votre parcours. Cela me fait penser à C. qui a intégré mon équipe, car il a osé. L'entrepreneuriat, c'est aussi faire preuve d'audace. Certains d'entre vous êtes free-lanceurs et vos services peuvent être vraiment bénéfiques à d'autres entrepreneurs.
C. avait vu dans une de mes vidéos que j'étais débordée, parce que je recevais des centaines d'e-mails par jour et que je ne parvenais plus à faire face. En passant mon temps à répondre aux commentaires et aux mails, j'étais arrivée à un stade où je n'avais plus d'espace pour créer et accompagner. C. avait repéré mon épuisement et c'est comme cela qu'il m'a rejoint pour m'épauler. Lorsque j'anime un stage, je suis également accompagnée d'autres intervenants. Certaines

personnes aiment cette solitude et créer dans leur coin, d'autres non. Connaissez-vous vous-même, appuyez-vous sur vos forces. Si vous aimez collaborer avec d'autres, honorez cela. Si l'association est une forme qui vous plait, c'est magnifique, car cela va permettre de faire jaillir encore plus ce que nous appelons le cerveau collectif, c'est-à-dire la créativité à plusieurs. C'est d'ailleurs génial de se retrouver parmi d'autres entrepreneurs, car lorsque vous vous concertez à plusieurs dans le même état d'esprit, cela stimule encore plus la créativité. Quand vous faites face à des blocages, cela fait du bien d'en discuter avec un autre entrepreneur et d'avoir un angle de vue différent, un soutien, une écoute, un partage.

J'encourage vraiment les entrepreneurs à faire les choses pas à pas. À chaque fois que vous avancez,ne vous concentrez pas sur le sommet de la montagne, mais sur chaque marche. Voici un exemple. Demain, vous voulez créer une chaine YouTube et vous appréhendez de réaliser votre première vidéo. Commencez doucement par une petite étape. Achetez par exemple un micro et félicitez-vous pour cette première initiative. Si vous

avez peur de vous montrer directement en vidéo, essayez en podcast. Encouragez-vous à chaque pas. De nombreux entrepreneurs minimisent leur impact parce qu'ils valorisent insuffisamment leurs mini-actions. Or, c'est la somme de ces mini-étapes qui va faire boule de neige et dont la conséquence sera l'abondance dans toutes les sphères de votre vie. Quand vous êtes vraiment aligné, quand vous faites les choses avec cœur, vous êtes inévitablement récompensé.
Comme je l'ai déjà précisé, l'argent n'a jamais été mon moteur, mais j'ai toujours œuvré pour un but élevé. Je ne me bats jamais contre quelque chose, car sinon, cela crée encore plus de dualité. Si vous êtes en dualité à l'intérieur de vous-même, vous ne trouvez pas la paix. Si vous créez de cette façon, vous perdez la connexion avec votre âme, avec tout le champ informationnel et toutes les idées qui vous permettent d'œuvrer avec beaucoup plus de facilité, de simplicité et de légèreté.

Certains entrepreneurs, alors qu'ils travaillaient 35 heures dans le salariat, font le double d'heures. Ils sont sans cesse en train de penser projet, de manger projet, ils sont complètement accaparés par leur activité. Ça mouline énormément et sans interruption. Or, si vous voulez augmenter votre créativité, il est également fondamental de s'accorder des espaces de non-temps, des espaces d'émerveillement et de non-action. Dans le taoïsme, on dit que ces phases de non-action ou d'infusion, de sachet de thé comme j'aime les nommer, ont plus d'importance que les moments d'activité. Vous pouvez par exemple vous balader dans la nature, sans votre portable. De cette manière, vous créez le vide en vous, car si votre tête est pleine tout le temps, vous ne pouvez pas recevoir de nouvelles idées et créer.

C'est génial d'avoir des projets et de vouloir réussir, mais si vous ne faites que travailler et qu'en chemin vous perdez votre joie de vivre, si votre patron intérieur devient un tyran, un bourreau, si votre sphère professionnelle prend trop de place dans votre vie, si ce patron écrase l'enfant intérieur en vous, vous ne pourrez pas tenir sur le long terme. Je vous rappelle d'ailleurs le lien intrinsèque qui existe entre l'enfant intérieur, le petit ou la petite de cinq ans et votre âme. Cette joie, cette créativité se situe au niveau du plexus solaire et du chakra sacré. C'est l'espace de votre enfant intérieur. Si vous ne le laissez pas s'exprimer, que vous restez uniquement dans le faire, en permanence dans une énergie yang, une énergie de survie, vous écrasez votre côté yin, votre part intuitive.

Si maintenant, vous dessinez un rond et que vous créez des parts, comme un camembert. Une part pour le travail, la famille, les activités, le bien-être, les amis, la nature, l'apprentissage, les réseaux sociaux, etc...
Soyez honnête, quelle est la taille de la part professionnelle et celle des réseaux sociaux ?
Avez-vous des hobbies, passez-vous du temps en nature ? Limitez-vous le temps de connexion sur les réseaux sociaux ? Faites-vous du sport ? Actuellement, entretenir votre énergie est fondamental. L'utilisation intensive des portables crée des problèmes au niveau des cervicales. Si à chaque instant, vous avez 12 kg sur la tête, l'énergie de création ne peut pas circuler jusqu'à la Conscience. Pourtant, c'est exactement ce qu'il se passe lorsque vous regardez votre écran de téléphone en baissant la tête. Il est donc essentiel d'installer une harmonie au niveau de votre corps.

Si vous êtes en réflexion permanente, à quel moment, redescendez-vous dans le corps ? Or, revenir au corps est essentiel. De mon côté, je pratique aussi des activités qui m'ancrent. Je fais du vélo, de la randonnée, du Pilate, du qi gong, du dessin, de la danse intuitive par exemple. C'est comme cela que je fais circuler les énergies à l'intérieur de mon corps et que je recrée de l'espace pour mon bien-être et la détente. Je me relie également beaucoup à la nature. Avec la permaculture, je suis au contact de la terre, avec toutes les énergies subtiles, je ne suis pas dans ma tête. Souvent, les meilleures idées surgissent quand je suis en train de me balader. J'ai d'ailleurs toujours un petit calepin dans ma poche et je note les idées qui surgissent, car ce sont souvent des moments où je suis en connexion et où mes guides communiquent avec moi. Ces espaces de totale relaxation favorisent d'ailleurs grandement l'émergence de nouvelles idées.

Si par contre, vous êtes toujours dans votre tête, c'est comme si vous étiez à côté de votre corps et pour écouter l'élan de votre cœur, il est important d'habiter pleinement votre corps et d'être vraiment ancré.

Au cours de votre parcours d'entrepreneur, il sera nécessaire de savoir si le moment est opportun pour accélérer ou pour ralentir. C'est important d'écouter votre jauge d'énergie. Votre corps va vous le faire sentir. Lorsque vous vivez des périodes de fatigue, cela indique clairement qu'il est temps de ralentir. Une nuance est à apporter pour les femmes qui vivent différents cycles. Nos lunes mensuelles sont des moments d'introspection, où nous faisons le bilan. Ce n'est pas le moment de créer. La nouvelle lune nous offre les conditions favorables pour créer. Si nous agissons comme les agriculteurs en permaculture, nous voyons qu'il existe un moment pour semer les graines et pour récolter. Certaines phases favorisent la créativité, d'autres non. C'est normal de ne pas avoir de créativité par périodes. C'est justement en vous lâchant la grappe, en étant doux envers vous-même que les idées vont descendre et que vous allez retrouver le flow.

Une autre clé essentielle est de se désidentifier de ce que vous faites. Ainsi, ne soyez pas trop attaché à votre activité professionnelle, car sinon, dès que l'on vous adresse une seule petite critique, vous la recevez comme une flèche dans le cœur. Il se peut que vous vous soyez identifié à cette part de vous-même, mais ce n'est pas qui vous êtes, c'est ce que vous faites. La voie ascensionnelle est un chemin de détachement.

Si vous vous aimez, vous n'avez plus besoin d'aller chercher l'approbation à l'extérieur. Votre rayonnement et votre énergie s'amplifient et vous devenez complètement indépendant au niveau émotionnel. La gestion émotionnelle et psychique dans la vie d'un entrepreneur est cruciale. Donc, détachez-vous des réactions extérieures. Face à une critique ou à une personne insatisfaite, il n'est pas toujours utile de vous remettre en question.

Voici un exemple simple pour illustrer. Une personne vous insulte dans la rue en vous traitant de stupide. Si à l'intérieur de vous, vous savez que vous n'êtes pas stupide, cela ne vous affecte pas. Vous vous dites plutôt : *« Ah le pauvre, il doit vraiment être malheureux »* ou *« Il a certainement des problèmes psychologiques pour insulter des gens dans la rue »*. Vous n'en faites pas une affaire personnelle.

La priorité est de prendre soin de votre état d'esprit et de votre énergie au quotidien. Soyez prêt. Pour être entrepreneur, il est important d'avoir un état d'esprit très fort et de croire en vous. Si vous ne croyez pas en vous, croyez au moins en vos projets et si vous ne croyez pas en vos projets, trouvez-vous au moins une personne autour de vous qui croit en vous. Cela vaut tout l'or du monde. Pour pouvoir être reconnu à l'extérieur, il est important de vous reconnaître vous-même. Pour ma part, j'ai passé tellement de temps seule, que j'ai réellement appris à me connaître, et cela m'a permis de faire face à mes croyances limitantes et mes peurs. Plus vous accueillez ce qui est, plus vous transcendez vos anciens mécanismes. Vous avez peur du manque, de la réussite, de l'échec ? C'est ok, vous avez le droit de ressentir des peurs, c'est humain. Mais qu'en faites-vous ? Qu'est-ce qui se cache derrière ces peurs ? Soyez curieux. Personnellement, je n'ai pas choisi de m'exposer en vidéos. Cela me terrifiait, parce que cela me ramenait à des mémoires passées de rejet. Imaginez ce que j'ai dû dépasser pour réaliser ma première vidéo. Comme nous l'avons vu, chaque nouvelle étape que vous franchissez vient réveiller des peurs et des blessures, qui bien souvent proviennent de votre enfance.

L'entrepreneuriat nous demande à être véritablement ouvert aux changements. Avec les nouvelles énergies, quand des portes se ferment, c'est que vous êtes amené à emprunter d'autres chemins. Malgré les apparences, c'est finalement très bénéfique. Il y a quelques années, je voulais donner mes premières conférences sur la loi d'attraction et la physique quantique à Bordeaux, on me demandait de changer le mot « loi d'attraction », sous prétexte que les gens ne comprendraient pas. Pour moi, il en était hors de question. La loi d'attraction est comme la loi de la gravité, c'est comme vouloir changer le mot amour. Je n'ai pas inventé cette expression, c'est universel, je suis juste un canal, un pont, une médiatrice qui transmet les informations à travers ses partages. Le fait qu'ils ne veuillent pas de moi et ma thématique a finalement été un magnifique cadeau, car c'est grâce à ces refus que je me suis lancée sur internet.

À l'époque, je me suis dit : *« Si on ne veut pas de moi à cet endroit, mon endroit à moi sera la place publique sur internet »*. C'est pourquoi, si une porte se ferme, n'y mettez pas toute votre attention.

Parfois aussi, nous élaborons un service ou un produit en croyant que nous ferons cela toute notre vie. C'est ce qui m'est arrivée avec ma première formation en ligne. À l'époque, je pensais que ce serait ma mission au long cours. Sauf que très rapidement, mes guides m'ont demandé de passer à autre chose. J'étais très surprise.
Savoir s'adapter et être flexible représente une qualité majeure pour un créateur. Si vous essayez de tout contrôler et que vous alimentez vos peurs et vos doutes, cela génère du stress et entretient une énergie de survie, alors que si justement, vous êtes dans la foi et dans l'accueil de ce qui vient, prêt à vous découvrir dans l'inconnu, le chemin que votre âme connaît, les choses sont beaucoup plus fluides. Quand vous faites alliance avec votre âme, il n'est alors pas nécessaire de chercher des solutions, car tout se synchronise de soi-même. La vie nous conduit inévitablement aux changements. Créativité et changement sont d'ailleurs synonymes.

Du reste, j'ai envie d'aborder plus largement ce thème de la créativité. Se connaître, c'est aussi savoir à quel moment vous ressentez ces élans de créativité. Observez-vous. Me connaître m'a vraiment aidée. C'est ce qui manque dans notre société actuelle. Notre attention a toujours été dirigée vers l'extérieur. On ne peut pas aider les autres si on ne s'aide pas soi-même. Ramenez tout à l'intérieur.

Quand vous êtes en période creuse, où vous n'avez pas de créativité, voire des périodes de doute, quand vous êtes face à une page blanche, que vous sentez être amené à autre chose, mais que les informations ne descendent pas tout de suite, il est important de s'accorder ces phases où justement, vous acceptez de ne pas savoir. Depuis début 2022, je fais un shift à presque 360°, parce que j'écoute l'élan de mon âme. J'ai reçu le message d'arrêter les séances individuelles. Pourtant, certains entrepreneurs tentaient de me dissuader d'arrêter, sous prétexte que mon chiffre d'affaires allait baisser. Je ne les ai pas écoutés. J'ai créé un espace de vide pour pouvoir être inspirée par de nouvelles créations. Ça a donné l'émergence de création de stages et de livres. Il s'agit d'avoir cette complète foi de créer le vide à nouveau, pour se diriger vers de nouvelles missions plus vibrantes. Au-delà de la confiance, cela nécessite aussi de s'accorder ces phases de vide, de non-action. Dès que je sens une résistance dans ce que j'ai envie d'entreprendre, je n'y vais pas. Cela fait des années que je me suis mise au service de mon âme, et c'est grâce à cela que j'ai créé ce que j'ai créé. J'ai aussi lâché beaucoup de choses en chemin. Il se peut en effet que ce qui vous faisait vibrer l'année passée résonne moins aujourd'hui. On ne vous demande pas forcément de changer de domaine, mais de façon d'être, d'aborder les choses, d'agir et de faire. Plus vous travaillez sur l'être, plus vous êtes dans des phases de complète acceptation de ce qui est et plus, vous avancez avec fluidité et non à contre-courant.

Si le doute s'est emparé de vous, si vous ne savez pas trop quoi créer et faire, ce n'est pas en vous asseyant derrière un ordinateur et en vous demandant en boucle, comment vous allez faire, que cela va descendre, au contraire, posez-vous et demandez-vous : *« Qu'est-ce qui me ferait du bien tout de suite ? »,* aller en pleine nature, chanter, danser, réunir quelques amis, partager quelques moments de rires, de partage, peut-être de pleurs, une activité qui m'aère ?

Un autre piège pour l'entrepreneur est cette impression de ne jamais en savoir assez. C'est une croyance qui vous empêche de prendre pleinement confiance en vous. Quand vous vous dites : *« Je n'en sais pas assez »*, allez chercher plus loin, à l'intérieur de vous.

Qu'est-ce qui vous fait maintenir cette croyance ?

Ce sont bien souvent des injonctions de l'enfance. Par souci de perfection, vous accumulez des connaissances et parallèlement, vous reculez l'échéance pour passer à l'action. Cela s'appelle de la procrastination. Pour transcender cet état, il convient d'être pleinement ancré dans la matière, de vraiment réduire les objectifs et de procéder par mini-étapes, car si vous regardez toujours le sommet de la montagne en voulant faire le grand saut, vous vous découragez, car cela vous demande trop d'efforts. À l'inverse, appréciez le chemin, soyez curieux envers chaque action, aussi minuscule soit-elle. On ne vous demande pas de tout savoir. C'est d'ailleurs pour cela que nous sommes l'Unité dans la diversité. Nous sommes tous différents et nous sommes tous venus dévoiler notre Lumière, notre pépite. L'idée de tout savoir est encore un conditionnement. On vous a fait croire que vous n'en saviez jamais assez, pour que vous ne preniez pas votre juste place.

Certaines personnes me demandent s'il est recommandé ou non de faire de la publicité et des flyers. Cela dépend. L'essentiel est de ne jamais se sentir forcé en rien.

Est-ce fluide pour vous ?

Ce qui compte est d'être dans sa justesse. Certains vont être à l'aise avec YouTube, d'autres avec Tik-Tok, Instagram ou Facebook, d'autres aiment distribuer des prospectus ou encore préfèrent s'appuyer sur le bouche-à-oreille. C'est encore une fois une question de résonance.
Voici la question que je me pose régulièrement : *« Comment puis-je mieux servir ? »* et *« Est-ce que cela est juste pour moi et pour les autres ? »*.

Là, je parle de poser l'action juste. Vous êtes toujours soutenu et guidé. Il n'existe pas de bon ou mauvais moyen de se faire connaître. C'est simplement une question de rayonnement et d'alignement.

Chaque personne est belle et a un talent unique à apporter dans le monde, chacun a des trésors, des coquillages à partager, chacun a sa note de musique particulière et nous vibrons tous ensemble dans un grand orchestre divin. C'est vers cela que nous allons. Imaginez une rue dans laquelle sont installées plusieurs boulangeries. Si les boulangers se prennent en grippe, il va s'installer une certaine forme de compétition. Or, vous, en tant que client, vous irez plutôt chez Patrick de la boulangerie de cette rue et pas chez Gérard, parce que chez Patrick, vous aimez son énergie. Patrick a le sourire, il confectionne son pain avec Amour et vous sentez sa vibration. Et même si Gérard produit un pain aussi excellent, vous préférez aller chez Patrick, parce que c'est Patrick avec son énergie, sa vibration unique. Souvenez-vous, les comparaisons les uns avec les autres sont vaines et vous font perdre du temps. Même si vous travaillez dans le même domaine, vous vibrez de façon différente. C'est votre vibration qui vous rend magnétique. À chaque fois que vous êtes dans la comparaison, la critique, la compétition ou le jugement, vous gaspillez l'énergie précieuse et vitale que vous pourriez utiliser à créer. Vous vous fermez à vous laisser guider par quelque chose de plus grand qui cherche à œuvrer à travers vous, dans l'Amour.

Ici, à la campagne, une coiffeuse travaillait pour un grand salon très renommé à Paris. Elle a réalisé que la pression était trop forte, le bruit trop insupportable, car elle était hypersensible et elle souhaitait travailler à son rythme avec les personnes de son choix. Elle a donc choisi de vivre à la campagne et de coiffer les gens à domicile. Non seulement elle offre un moment complètement personnalisé aux personnes qu'elle accompagne, mais elle peut être 100% à leur écoute. En même temps, elle est hyper heureuse parce qu'elle peut sélectionner ses plages horaires et les personnes avec lesquelles elle a plaisir de travailler quand elle se consacre à son activité. Son entreprise s'est développée de bouche-à-oreille et elle en vit pleinement.

Il existe tellement de voies pour se réinventer, se créer ! Voilà pourquoi je dis que le monde de demain est un monde où les créateurs ont leur importance, car ce sont eux qui feront bouger les lignes. Vous allez découvrir des rôles-modèles auxquels vous n'auriez pas pensé. Pour cela, cessez juste de vous limiter. Vous avez envie de lancer un projet qui n'existe pas ou une nouvelle façon de faire ou d'être, allez-y et explorez ! Soyez curieux et prenez la vie comme un jeu !

Beaucoup rechignent à effectuer les démarches administratives et se démotivent. Si cela est votre cas, cela ne veut pas forcément dire que votre projet n'est pas aligné avec nous. Au départ, l'administratif n'était pas évident non plus pour moi, mais cela fait partie intégrante de l'ancrage. Parfois, dans l'entrepreneuriat, nous réalisons des tâches que nous n'avons pas nécessairement envie de faire, mais nous devons nous y atteler et cela permet d'avoir un cadre. Nous pouvons apprivoiser ces parties administratives et comptables, quand il n'est pas possible de les déléguer, en tout cas lors des phases de démarrage. C'est important de s'y atteler et de persévérer.

Dans la géométrie sacrée, vous remarquerez qu'il y a toujours un carré de base, un cadre avant les cercles. Certains confondent organisation et enfermement. Lorsque nous donnons un cadre à nos enfants, des horaires pour manger, pour dormir, ils peuvent évoluer à l'intérieur. Sans limites, ni cadre, ni organisation et ancrage, les repères sont inexistants. C'est pourquoi, créer son propre cadre est important. Il est tout à fait approprié d'avoir un emploi du temps et de bien s'organiser.

L'arrivée de l'intelligence artificielle inquiète aussi certains artistes. Ils craignent par exemple que les gens ne finissent par acheter des tableaux créés par cette intelligence et non par l'humain. Ne vous laissez pas impacter par ces peurs à propos de l'IA. Au contraire, soyez encore plus inspiré. Votre vibration va se ressentir. Cette vibration est ce que vous vivez, ce que vous incarnez et cela ne peut ni s'inventer ni se copier. Ces nouvelles technologies ne sont pas maléfiques pour autant. Tout est question de perception. Au final, tout ce qui est créé par ce biais est destiné à être mis au service des êtres humains. En vision, j'ai vu que c'était des aides pour que l'être humain cesse de réaliser des tâches pénibles manuellement, mais elle ne le remplacera jamais. Il s'agit juste de savoir quoi en faire. Normalement, elles sont là pour nous aider, pour que chaque être humain puisse œuvrer dans son talent et sa passion. Il s'agit toujours de l'usage que nous faisons de ces technologies. Celles qui arrivent sont faites pour que chaque être humain se concentre sur sa zone de génie et qu'il ne fasse plus de travail pénible ou de tâches manuelles répétitives. C'est à cela que ça sert.

C'est la même chose pour les réseaux sociaux. Si vous vous en servez à bon escient et que vous n'en deveniez pas dépendant, elles deviennent un levier. Si vous les voyez comme un simple écran de télévision, vous ne percevez pas les bénéfices qu'elles peuvent vous apporter. Pour moi, c'est un formidable outil dont je me sers avec certaines limites. Par exemple, le soir, je lis et j'allume une bougie pour revenir à une lumière naturelle. Je me discipline. Je me dis, à partir de telle heure, je met mon portable en mode avion, sans wifi. En effet, lorsque vous vous couchez le soir, il est préférable d'éteindre les écrans, car sinon, vous sursollicitez votre glande pinéale et vos yeux, et il est important de prendre soin de votre énergie et de votre santé.

Le chemin de l'entrepreneuriat nécessite d'être fort et solide à l'intérieur et de s'aimer. Si vous ne vous aimez pas, vous aurez à terme de la difficulté à déployer vos capacités créatives. Restez dans votre axe, croyez en vous.

Quel est le discours que vous entretenez avec vous-même ?

La façon dont vous vous parlez est essentielle. Je vois beaucoup d'auto-sabotage chez les créateurs. Parlez-vous avec douceur et encouragement ? Demandez-vous chaque jour de quoi vous avez besoin et mettez ce besoin en priorité. Beaucoup de créateurs ne font que produire et finissent par vivre un burnout, car ils ne s'écoutent pas. À quoi cela sert-il, comme Steve Jobs, d'avoir créé des millions si c'est pour avoir des problèmes de santé ?
Votre santé et votre énergie vitale sont vos piliers. Vous êtes votre priorité. En vous occupant de vous-même, vous gagnez en énergie. C'est selon moi ce que nous avons de plus précieux au monde. C'est

pourquoi je m'écoute beaucoup. Je ne crée pas tous les jours, je sais ce qui est bon ou non pour moi et comment régénérer mon énergie. Posez-vous la question de ce qui vous fait du bien au quotidien et n'y dérogez pas. Même quand j'habitais en ville, je me rendais dans un parc chaque jour. C'est trop important pour moi de m'émerveiller auprès des fleurs, des arbres, de la nature, de me nourrir de la beauté et de me connecter à l'énergie tellurique de la terre mère. Trouvez ces ressources pour vous-même pour ne pas vous démunir. Si vous êtes uniquement rivé sur l'objectif, une fois que vous l'avez atteint, vous en posez un autre puis un suivant toujours plus élevé et comme vous n'avez pas apprécié le chemin, finalement, vous êtes toujours dans une sorte de rigidité. Sauf qu'aujourd'hui, le corps ne peut plus encaisser. Il est essentiel de s'apporter beaucoup plus de légèreté. Amusez-vous dans ce que vous faites dans votre créativité et soyez curieux !

Voici la carte d'oracle que j'ai tirée pour nous tous de la sagesse soufie. Sur l'image, nous avons un bonhomme avec son bâton de pèlerin et le titre est

« DÉTERMINATION, la persévérance mène à la fortune ».
Autrement dit : Celui qui **persévère** est celui qui sait **percer et voir**.

Voici le texte qui accompagne cette carte.

« Chers amis,
Écoutez l'oracle et cessez de vous demander comment trouver votre place dans ce monde. Suivez l'étoile de votre cœur, comme si l'étoile du Nord elle-même, vous guidait dans toutes les démarches de la vie. Si vous poursuivez fidèlement vos désirs, une voie s'ouvrira et vous serez guidé vers de nouvelles opportunités et bénédictions, bien au-delà de ce dont vous pouviez rêver.
Nombreux sont ceux qui excellent dans les arts, l'athlétisme, la musique et la parole et certains pourront en faire une carrière, mais la plus grande partie des personnes douées ne parviennent pas à réaliser leur plein potentiel, tandis que d'autres, moins visibles, choisissent de travailler avec diligence, poursuivant leurs efforts et leurs actions jusqu'à devenir exceptionnelles dans leur art.

Mon cher, ma chère, Le temps est venu pour vous d'utiliser votre temps à bon escient. Poursuivez toutes les opportunités qui peuvent vous rendre heureux. Si vous souhaitez profiter du voyage, soyez prêt à utiliser vos compétences en leadership, ainsi que les compétences et les expériences d'autres personnes qui peuvent vous aider tout au long de vos projets. »

De plus en plus, des collaborations vont se mettre en place, parce que nous sommes appelés à cette Unité. Si chacun crée d'abord son propre pilier de lumière, ensuite, à travers toutes les associations, les collaborations vont se faire naturellement. À plusieurs aussi, nous sommes plus forts.

Voici le MANTRA : *« Je suis déterminé à persévérer et à vivre ma vie, empli de confiance, de patience, de détermination et de tendresse. Ainsi soit-il ! »*

Merci ! Quel beau message !

C'est important. Comme je l'ai mentionné précédemment, soyez votre propre meilleur ami, accordez-vous beaucoup de douceur, encouragez-

vous. Dans les phases respectives de hauts et de bas, être dans cet accueil m'a beaucoup aidée personnellement.
Je vois tellement de potentiels qui ont besoin d'éclore et j'ai à cœur de vous apporter cette force, ce soutien, ce courage à travers mes expériences justement. J'espère que cela vous a nourri, que cela vous a donné un bon boost de motivation et je vous rappelle combien il est capital de faire les choses avec le cœur et jamais à contrecœur. Encore une fois, les stratégies marketing ne sont pas les plus importantes. Être à l'écoute de vous-même, connaître précisément votre pourquoi et ce qui vous anime, avoir une vision claire, trouver votre coquillage, prendre soin de votre état d'esprit, entretenir un état d'esprit positif, cultiver la gratitude, vous féliciter, vous encourager, être votre meilleur ami, vous entourer favorablement, partager.
Voici les leviers indispensables qui sauront vous soutenir dans votre vie de créateur. Si vous réunissez l'ensemble de ces ingrédients, vous n'avez aucune raison d'échouer.
Par contre, si chaque jour, vous râlez contre ce qui ne va pas, l'univers vous le renvoie. Tout est en

miroir. Tout ce que vous générez à l'intérieur de vous, vous le vivez à l'extérieur, non seulement dans votre entourage, mais professionnellement. Plus vous vous respectez - respecter, c'est *« Reste en paix avec toi-même »*, plus vous retrouvez cette paix autour de vous. Plus vous êtes dans le partage et plus, vous attirez des personnes sur la même vibration. Les personnes qui viennent vers moi résonnent sur la même fréquence et nourrissent les mêmes valeurs.

Certaines notions abordées ici sont des rappels, mais parfois, nous avons besoin de les réentendre à travers une vibration différente afin de les réactiver et les ancrer en soi.

Si sur votre chemin, vous ressentez par moments une baisse de motivation, relisez ces enseignements. L'entrepreneuriat est un chemin d'évolution, mais également de réalisation. Il est donc totalement normal que des peurs surgissent, que des blessures se réactivent. Toutes ces croyances limitantes qui se révèlent font partie du chemin. C'est grâce à cela que vous pouvez épurer et vous libérer de tous ces carcans, afin d'être vraiment aligné dans ce qui vous anime. C'est comme cela que vous récoltez par la suite.

Commencez petit, marche après marche, cela permet d'être persévérant. Rappelez-vous que les gens qui essaient d'aller trop vite se perdent en chemin.

Rayonnez, ne laissez personne douter de qui vous êtes, ne permettez à personne de vous minimiser. Aimez-vous par-dessus tout. Je tiens à rappeler que vous êtes l'Amour incarné sur terre. Vous n'avez pas à aller le chercher, vous êtes cela. Nous sommes tous des êtres divins incarnés dans des costumes de terriens. Nous sommes tous connectés et reliés. Nous avons tous une mission et la première est celle de s'aimer, se respecter et rayonner. Vous avez le droit à l'abondance, vous avez le droit de montrer votre art et de le partager. Ne vous éparpillez pas, restez focus. Souvenez-vous du marathon, regardez devant vous et restez sur votre axe. Soyez inspiré, gardez votre densité, conservez votre vibration unique pour ne pas vous éloigner de votre Lumière, au contraire, amplifiez-la. Vous n'êtes jamais seul.

Je vous envoie plein d'amour. Cela fait vraiment chaud au cœur de partager tout cela avec vous. J'espère sincèrement que ce guide pratique vous permettra de garder le cap et de garder en mémoire l'importance de votre état d'esprit. Rayonnez et honorez le fait d'être différent. Nous sommes tous venus ici pour cela. Comme le dit Oscar Wilde, *« Soyez vous-même ! Les autres sont déjà pris. »*

Avec tout mon Amour.

Cindy Phan

Dépôt légal Septembre 2023.

Retrouvez tous mes services :
www.cindyphan.fr

Retrouvez toutes mes vidéos sur ma chaine Youtube :
www.youtube.com/@cindy-phan

Retrouvez-moi sur Instagram :
www.instagram.com/cindyphan.official/.

Printed in France by Amazon
Brétigny-sur-Orge, FR

14470263R00047